쇼펜하우어 서재에서 훔친 인생지혜 77선 필사책

아르투어 쇼펜하우어 지음 / 김 철 편역

쇼펜하우어의 명언, 필사 노트

진정한 행복이란
고통의 부재다.

삶의 지혜는
피해야 할 것을
아는데서 시작된다.

인간이 망하는 대부분의 이유는
고독과 외로움을
견디지 못해서다.

히읗

쇼펜하우어 서재에서 훔친
인생 지혜 77선 필사책 사용법

1 책을 펼치면 가장 먼저
필사할 수 있는 문장이 나옵니다.
손으로 옮겨 적으며
쇼펜하우어의 지혜를 천천히 음미해 보세요.

필사 문장 옆에는 네모 박스가 있습니다.
다 적고 나면 체크 표시를 하세요.
하나둘 쌓여가는 체크 표시를 보면서
자기 효능감을 높여보세요.

2 몇 개의 필사가 끝나면
미공개 에세이가 이어집니다.
에세이는 생각의 방향을 넓히기 위한 글입니다.
그 어디에도 없는 쇼펜하우어의 삶을 담았습니다.

3 에세이가 끝나면 질문이 나옵니다.
이 질문들은 정답을 맞히기 위한 질문이 아닙니다.
누군가에게 보여주기 위한 답도 아닙니다.
오직 지금의 나에게 묻기 위해 준비된 질문입니다.
짧게 적어도 좋고
한 문장만 써도 괜찮습니다.
아무 말도 떠오르지 않는 날에는
그 질문을 가만히 읽고 넘겨도 됩니다.

4 책의 순서는 단순합니다.

1.문장을 쓴다.

2.글을 읽는다.

3.질문 앞에서 멈춘다.

필요한 날에
필요한 문장 하나만 써도 충분합니다.

이 책을 다 채우고 나면 쇼펜하우어의 인생 지혜가
여러분들의 삶을 밝혀줄 것입니다.

왜 우리는 쇼펜하우어의 철학을 몸에 아로새겨야 하는가?

아르투어 쇼펜하우어는 19세기 독일에서 활동한 철학자다. 국적 은 독일이며 활동 시기는 칸트 이후, 헤겔과 동시대다. 당시 독일 철학은 이성, 진보, 역사 발전을 강조하는 분위기가 강했지만 쇼펜 하우어는 이 흐름과 정면으로 다른 길을 택했다. 그는 인간을 이성 적이고 합리적인 존재로 보지 않았다. 대신 인간의 행동을 움직이 는 핵심 동력으로 의지를 제시했다. 여기서 말하는 의지는 목표 의 식이나 숭고한 결단이 아니라 욕망, 충동, 생존 본능처럼 통제되지 않는 힘에 가깝다.

  쇼펜하우어 철학의 가장 큰 특징은 인간에 대한 과대평가를 거
부한다는 점이다. 그는 사람이 합리적으로 판단하고 도덕적으로
행동할 것이라는 전제를 믿지 않았다. 오히려 사람은 자신에게 유
리한 방향으로 생각을 바꾸고 상황에 따라 태도를 조정하는 존재
라고 보았다. 이 관점은 당시뿐만 아니라 지금도 불편하게 느껴진
다. 하지만 바로 이 점 때문에 쇼펜하우어의 철학은 가장 현실적인
철학으로 평가받는다. 그의 철학은 인간관계, 욕망, 행복, 고통을
이상적인 기준이 아니라 인간의 본성으로 설명한다. 흔히 사람들
은 행복을 성취의 결과로 본다. 쇼펜하우어는 행복을 성취의 결과
로 보지 않았다. 삶에서 고통이 잠시 줄어든 상태로 정의했다. 그
래서 더 많이 가지거나 더 높은 위치에 올라가는 것이 행복을 보장
하지 않는다고 했다. 또한 그는 사람은 쉽게 변하지 않으며 기대는
대부분 실망으로 이어진다고 보았다. 이렇듯 사람들이 보편적으로
생각하는 정의와 생각에 대해 전혀 다른 시선을 제공한 철학자가
바로 쇼펜하우어다.

  쇼펜하우어 철학의 장점은 여기에 있다. 그의 철학은 사람에게
무엇을 더하라고 요구하지 않는다. 대신 불필요한 기대를 줄이고
감정 소모를 최소화하는 기준을 제공한다. 그래서 그의 철학을 접
한 사람들은 삶이 갑자기 좋아지지 않지만 같은 문제를 반복해서

겪지 않게 된다. 관계에서 덜 상처받고 인간에 대한 실망을 개인의 실패로 오해하지 않게 된다. 그의 철학은 동기 부여나 위로를 주지 않지만 삶을 잘못 해석 하지 않도록 막아준다는 점에서 큰 가치가 있다.

사람에게 과도하게 기대하는 습관

노력하면 반드시 보상받을 것이라는 믿음

좋은 마음이면 관계가 유지될 거라는 생각을

현실적으로 점검하게 만든다.

이 책은 철학 베스트셀러인 <쇼펜하우어의 서재에서 훔친 인생 지혜 77선>의 내용을 필사로 옮기고 미공개 에세이를 추가했다. 쇼펜하우어의 대표적인 저서 인생의 지혜(The Wisdom of Life)와 비관주의 연구(Studies in Pessimism), 여록과 보유(Parerga and

Paralipomena) 등 주요 저서에서 현대인에게 가장 필요한 인생 지혜를 엄선해 엮었다.

쇼펜하우어의 문장은 읽고 감탄하는 것과는 거리가 멀다. 삶의 기준으로 반복해서 떠올려야 하는 말에 가깝다. 이 책에서 그의 문장을 필사하는 이유도 바로 여기에 있다. 쇼펜하우어의 철학은 시대를 초월한 정답을 주지 않는다. 하지만 지금 우리가 겪는 많은 혼란과 오해가 어디에서 비롯되는지를 아주 정확하게 짚어준다. 그것만으로도 쇼펜하우어의 철학은 충분히 배울 가치가 있다. 철학은 마음을 지키는 유일한 지혜다.

필사를 시작하며

    우리는 살아가면서 수많은 경험을 하고 수많은 책을 읽습니다. 경험을 통해 지혜를 얻고 책을 통해 지식을 쌓아갑니다. 하지만 이상하게도 삶은 그대로인 경우가 많습니다. 책을 덮고 나면 좋은 내용이라는 느낌은 남는데 앞으로 어떻게 살아야 할지 무엇을 실천해야 할지는 떠오르지 않습니다. 경험도 마찬가지입니다. 힘든 일을 겪고 나면 분명 다짐합니다.

    "다음엔 이렇게 하지 말아야지."

    "이건 꼭 기억해야지."

    하지만 시간이 지나면 그 다짐은 흐려지고 비슷한 상황에서 또

비슷한 선택을 합니다. 이유는 단순합니다. 대부분의 경험과 문장은 머물지 않고 스쳐 지나가기 때문입니다. 읽은 건 휘발되고 경험은 아득해집니다. 그 순간에는 중요한 것처럼 느껴져도 붙잡지 않으면 금방 사라집니다. 그래서 책을 통해 좋은 말을 많이 읽어도 정작 내 것이 된 말은 많지 않습니다. 필사는 역할이 분명합니다. 필사는 잊혀져가는 것을 붙잡는 방식입니다. 스쳐 지나가는 생각을 손으로 멈춰 세우는 일입니다. 문장을 손으로 옮겨 적는 동안 단순히 그냥 '좋은 말'로 남아 있지 않습니다. 한 글자씩 써 내려가다 보면 자연스럽게 생각이 듭니다.

"나는 이 말대로 살고 있나?"

"이 문장을 내 삶에 어떻게 적용할 수 있지?"

읽을 때는 그냥 넘어갔던 문장이 쓸 때는 마음에 들어옵니다. 그렇게 마음에 들어온 문장은 지난 경험을 떠올리게 하고 앞으로 다른 선택을 할 수 있도록 도와줍니다. 판단의 기준이 되는 것입니다. 필사는 억지로 외우는 것이 아니기 때문에 기억이 오래갑니다. 이 책은 많이 읽으라고 권하지 않습니다. 빨리 이해하라고 다그치지도 않습니다. 이 책이 원하는 것은 쇼펜하우어의 인생 지혜를 잊지 않게 만드는 것입니다. 나의 경험이든 책 속 문장이든 흘려보내지 않고 한 번 더 생각하게 만드는 것입니다. 이 책은 읽는 책이 아니라 쓰는 책입니다. 요즘은 무엇이든 빠릅니다. 요약본, 핵심 정리처럼 정보는 넘쳐나지만 사람들 마음에 진심으로 중심이 되어주는 것은 많지 않습니다. 정보는 넘쳐나지만 사람들은 점점 더 쉽게 흔들립니다. 기대하고 실망하고 분노하고 다시 기대합니다. 필사는 그 흐름을 정면으로 반대합니다. 느리고 귀찮고 효율적이지 않습니다. 그래서 의미가 있습니다. 손이 움직이는 동안 생각은 도망치지 못합니다. 문장을 따라가다 보면 결국 자기 삶의 한 장면과 마주하게 될 것입니다.

삶에 직접적인 도움을 주는 쇼펜하우어의 철학 필사, 새로운 지혜를 배울 수 있는 미공개 에세이, 이 책을 쓰는 독자님들께서 자신의 삶을 되돌아볼 수 있는 질문까지 다채롭게 구성했습니다. 이 책을 다 쓰고 나면 인간관계와 삶의 고통으로부터 조금은 더 자유로워지시기를 진심으로 희망합니다.

1

욕망은 기본적으로 내가 현재 갖지 못한 것을 얻고자 하는 마음이다. 사람은 무언가를 원할 때 그것을 가졌을 때의 행복감을 상상하며 기대를 키운다. 그러나 기대는 현실과 다르다. 인간은 자신이 원하는 것을 늘 얻을 수 있는 존재가 아니다.

욕망은 얻으면 얻을수록 더 부피가 커지는 괴물이다.

하나의 욕망을 달성하고 난 뒤, 다음 욕망은 더 크고 복잡한 형태로 진화한다. 결국 끝없이 반복되는 욕망의 사슬에 묶여 끝없는 불만족을 느낄 수밖에 없다. 강한 욕망을 가지면 기대를 하게 되고 기대를 하면 반드시 실망하게 된다. 기대라는 독을 삼키는 순간 당신의 삶은 실망으로 병들게 된다.

2

내일이 오늘보다 더 나을 것이라는 믿음은

삶이 준비한 가장 잔혹한 거짓말이다.

사람들은 오늘의 고통을 내일이라는 가능성으로 견디려 한다.

그러나 현실은 우리의 기대를 배신한다.

삶의 문제란 썩은 물과 같다.

하루가 지난다고 해서 맑아지지 않는다.

오히려 악취만 더 짙어진다.

최악을 예상하고 수용하는 자만이 허망한 기대에 매달리지 않고

삶의 함정과 불행을 피할 수 있다.

3

인간의 삶에서 무게추는 근심과 고통이다.

무게추가 없다면 인간은 거친 삶의 파도를 견디지 못한다.

문제와 고통이 전혀 없는 삶은 존재하지도 않으며

설령 가능하다고 해도 인간을 성장시키지 못한다.

인간의 정신은 삶의 어려움을 통해 단련된다.

고통은 나를 파괴하는 것이 아니라 나를 단단하게 만든다.

4

인간은 늘 현재보다 멀리 있는 미래를 동경한다.

가질 수 없는 것을 더 귀하게 느낀다.

더 나은 미래를 기다리며 현재를 소모하고

다시 과거가 된 현재를 그리워한다.

이 모순 속에서 인간은 영원히 미완으로 남는다.

우리가 그토록 원하던 미래는 바로 오늘이었다.

행복은 적극적으로 얻은 무언가가 아니다.

고통이 잠시 사라졌을 때 느끼는 상태일 뿐이다.

고통을 겪지 않은 사람은 행복을 이해하지 못한다.

고통과 대비될 때만 행복은 인식된다.

완벽히 고통이 제거된 삶은

행복의 가능성마저 사라진 삶이다.

6

우리는 태어날 때부터 스스로 선택하지 않은 숙제 속에 던져진다.

인간은 매 순간 무언가를 해결하며 살아간다.

아침에 눈을 뜨는 순간부터

밤에 잠자리에 들 때까지

문제는 끊임없이 눈앞에 놓인다.

하나를 해결하면 또 다른 문제가 즉시 등장한다.

문제는 사라지지 않고 형태만 바꾼 채 계속된다.

인간을 지치게 만드는 것은 문제 그 자체가 아니라

그것을 완벽하게 해결해야 한다는 강박이다.

삶이라는 것은 애초에 선택권 없이 주어진 해결 불가능한 숙제다.

그 숙제를 어떻게 바라보느냐만이 오직 나의 선택이다.

삶은 처음부터 완전히 채워질 수 없는

빈 그릇으로 설계되었다.

권태는 단순한 지루함이 아니다.

삶의 공허함을 정면으로 마주할 때 느끼는

가장 정직한 감정이다.

채울 수 없는 것을

계속 채우려 할수록 공허는 더 깊어진다.

삶이 빈 그릇이라는 사실을 인정하는 순간

인간은 오히려 자유로워진다.

이성은 예언자라는 칭호를 받을 자격이 있다.
이성은 지금의 행동이 어떤 결과를 불러올지를
이미 앞서서 보여주기 때문이다.

우리는 분노에 사로잡혀
상대를 모욕하고 싶은 충동을 느끼고
탐욕 앞에서 부당한 이익을 취하고 싶은 유혹에 빠진다.
바로 그 순간 이성은 지금의 선택이 가져올 부끄러움과 후회
그리고 피할 수 없는 자책을 단호하게 속삭인다.

이성의 목소리를 외면하는 사람은
늘 같은 후회를 반복하고
귀 기울이는 사람은
스스로를 치욕과 고통에서 구해낸다.
이성은 마지막 방어선이다.

9

인간은 과거를 그리워하지만 그 당시로 돌아가 보면

그때 역시 불만족스러웠다.

시간이 지나면 기억은 과거를 미화한다.

그래서 지나간 선택이 언제나 더 나아 보인다.

인간은 이미 지나간 과거와

아직 오지 않은 미래 사이에서 끊임없이 흔들린다.

과거를 붙잡는 한 현재는 흘러가고

오늘을 바꾸지 못하면 미래도 바뀌지 않는다.

삶은 너무 가까이서 보면 작은 상처가 전부처럼 보인다.

고통이 과장되는 이유는

내가 삶과 너무 밀착해 있기 때문이다.

한 발 물러서서 보면 지금의 고통은

인생이라는 그림 속

하나의 조각에 불과하다.

모든 것은 시간이 흐르면 작아진다.

11

인간은 이미 가진 것에는 관심을 두지 않는다.

시선은 늘 부족한 곳으로 향한다.

그래서 삶은 실제보다 더 결핍되어 보인다.

가진 것이 늘어날수록

만족이 커지는 것이 아니라

기준이 높아질 뿐이다.

불행의 원인은 소유의 부족이 아니라

만족할 줄 모르는 마음이다.

살아가는 동안 저지르는 가장 큰 실수 중 하나는

모든 게 영원할 거라고 생각하는 것이다.

나에게 주어진 시간은 무한하다고 믿기에

중요한 결정을 미루고 순간의 가치 있는 경험을 소홀히 대한다.

삶이 영원히 이어질 거라는 착각 속에서

주변 사람들과의 관계, 소소한 기쁨, 단순한 순간의 가치를

놓치고 만다.

죽음이 두려운 이유는 끝이 있어서가 아니다.

끝이 다가와서야 삶을 잘못 살았다는 사실을

이해하게 되기 때문이다.

완벽하게 후회하지 않는 삶은 없을지 모른다.

그러나 덜 후회하는 삶은 분명 존재한다.

그 방법은 단 하나다.

미루지 않는 것이다.

오늘을 마지막처럼 살아야 한다.

13

인간은 사회라는 무대 위에서

진짜 얼굴이 아니라

스스로 선택한 가면을 쓰고 살아간다.

사회적 질서란 끝없이 반복되는 연극에 불과하다.

이 사실을 알아차린 사람에게 사회생활은

견디기 힘든 고역이 된다.

대부분의 사람들은 자신이 연기하는 배역을

진짜 자신이라고 착각하며 그 무대 위에서 평생을 보낸다.

그러나 기억하라.

가면을 벗는데에는 용기가 필요하지만

그 뒤에는 거짓 없는 자유가 따른다.

나는 어떤 가면을 쓰고 있는가?

인간의 내면은 조화롭지 못하게 구성되어 있다.

이성은 세상을 논리적으로 바라보기를 원하지만

감정은 끊임없이 충동적인 방식으로 우리를 몰아세운다.

인간은 끝없는 갈망의 노예이며

욕망이 충족되는 순간

권태에 사로잡히는 비극적 존재다.

삶이 근본적으로 결함이 있다는 사실이 절망으로 이어질

필요는 없다.

인간 존재의 불완전성을 인지하면

삶에 대한 불필요한 기대와 강박에서 벗어날 수 있기 때문이다.

15

인간 존재의 가치는 결코 보편성에서 나오지 않는다.

평범하다는 말이 경멸적인 뉘앙스를 띠는 이유는

바로 여기에 있다.

수백만 명의 사람과 똑같은 외모

똑같은 생각, 똑같은 욕망을 가진 존재는

결국 무수히 반복되는 물건과 다를 바 없다.

결국 개성과 차별성이야말로

인간의 가치를 결정하는 진정한 척도다.

누구나 될 수 있는 사람이 되기를 선택하는 순간

당신은 아무것도 아닌 존재가 된다.

흔히 사람들은

내가 하기 싫은 일을 남에게 하지 말라는 충고를

진리처럼 받아들인다.

그러나 이 충고의 문제점은

모든 사람과 모든 상황을 동일한 기준으로 판단한다는데 있다.

인간만큼 각자 처한 상황이 다른 존재는 없다.

같은 행동이라도 처한 입장과 맥락에 따라

전혀 다른 의미를 가질 수 있다.

윤리는 고정된 규칙이 아니라

상황을 읽고 판단하는 영역이다.

인간이 차갑고 냉담해지는 것은

잔인해서가 아니다.

각자가 이미 감당할 수 있는 한계까지

불행을 짊어지고 있기 때문이다.

자신의 삶이 벅찰수록 타인의 고통에 공감할 여유는

점점 사라진다.

내 삶에 여유가 없으면

동정도 친절도 남지 않는다.

18

인간은 근본적으로 모순적인 존재다.

신중히 내린 결정조차

내면의 반대파는 끊임없이 그것을 공격한다.

완벽한 결정이란 애초에 존재하지 않는다.

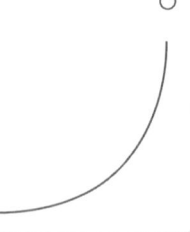

증오는 가슴에서 솟구쳐 나오며

경멸은 이성의 차가운 판단에서 비롯된다.

증오는 소리를 내고 경멸은 침묵한다.

진정한 경멸은 자신을 드러내지 않으며 설명하지 않는다.

가장 무서운 것은 분노가 아니다.

차갑게 침묵하는 무관심이다.

인간을 특별하게 만드는 것은 의지가 아니라 지성이다.

지성만이 인간을 다른 존재와 구별한다.

분노, 질투, 증오, 두려움은 인간을 가장 빠르게

하등한 상태로 끌어내린다.

감정에 지배되는 순간 인간은 스스로 품위를 버리고

평범함의 수준으로 추락한다.

진정한 위대함이란 강렬한 욕망을 가진 것이 아니라

그 욕망을 지성으로 통제할 수 있는 능력에 있다.

위대한 사람은 감정 위에 자신을 세울 줄 아는 사람이다.

인간은 겉모습과 본성을 쉽게 동일시한다.

상냥한 표정과 친절한 말투는 본성의 증거가 아니다.

사람은 웃고 또 웃어도 악당일 수 있다.

인간을 판단할 때 말이나 얼굴이 아니라

반복되는 행동을 보라.

뛰어난 능력을 가진 사람은 자신의 성취 때문에

고립감을 느낀다.

오래 알고 지낸 사람들이

어느 순간 낯설게 느껴지는 것은

그들이 변했기 때문이 아니다.

나의 위치와 나의 시야가 달라졌기 때문이다.

관계의 불편함은 실패가 아니라

이동의 신호다.

특별한 재능이 있는 사람은 늘 외롭다.

23

일상의 평화로움 속에서

인간은 자신을 약하고 무기력한 존재로 단정 짓는다.

큰 변화도 없이 흘러가는 시간 속에서는

자신의 능력과 한계를 시험받을 일이 없기 때문이다.

그러나 삶은 영원한 안락만을 허용하지 않는다.

예기치 않은 위기와 고통이 찾아오고

그 순간 인간은 자기 안에 잠들어 있던 힘과 마주하게 된다.

위기의 순간에 드러나는 힘은 새로 생겨난 것이 아니라

원래 내 안에 있었던 것이다.

힘은 위기가 찾아오기 전까지 잠들어 있을 뿐이다.

지금의 고통은 나를 부수기 위한 사건이 아니라

나를 드러내기 위한 계기일지도 모른다.

삶을 바라보는 관점은 외부 환경이 아니라

내 정신 상태에 따라 달라진다.

삶을 진지하게 바라보는 사람에게

인생은 무겁고 중요해 보이고

삶을 관조하는 사람에게

인생은 짧고 덧없는 것으로 보인다.

같은 삶을 살면서도 어떤 사람은 삶에 압도되고

어떤 사람은 삶을 내려다본다.

결국 삶의 크기는 현실이 아니라

그것을 바라보는 나의 시선이 결정한다.

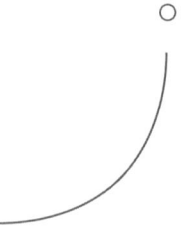

25

경험 이전에 습득한 지식은 언제나 불완전하다.

책으로 먼저 배운 세상은 현실과 충돌할 수밖에 없다.

인간은 자신이 직접 보고

직접 느끼고

직접 겪은 것만을 진짜로 이해한다.

책에서 먼저 주입된 관념은 오히려 현실을 흐릿하게 만든다.

삶의 진정한 이해는 언제나 책의 바깥에서 이루어진다.

사람은 타인의 문제에 대해서는 비교적 정확한 판단을 내리지만

자기 자신에 대해서는 객관성을 잃기 쉽다.

욕망과 충동은 판단력을 흐리게 만든다.

그래서 중요한 결정 앞에서는 혼자서 모든 것을

결정하려 해서는 안 된다.

친구의 시선은 나를 평가하기 위함이 아니라

나를 객관화하기 위한 것이다.

모든 사람에게는 외부의 시선이 필요하다.

혼자만의 생각이 깊어질수록

판단은 오히려 좁아질 수 있다.

미공개 에세이

1

　　사람은 상처 없이 단단해지지 않는다. 어떤 상처는 사람을 주저앉히고 어떤 상처는 타인을 미워하게 만들지만 아주 드물게 상처를 통해 다른 사람이 되는 사람도 있다. 쇼펜하우어는 그 드문 쪽에 속한 사람이었다. 그의 철학이 왜 그렇게 냉정하고 왜 인간과 사랑, 인생을 염세적으로 바라보는지 알려면 먼저 그의 삶을 봐야 한다. 쇼펜하우어의 철학은 책상 위에서 만들어진 것이 아니라 상처 속에서 만들어진 것이기 때문이다.

　　쇼펜하우어는 열일곱 살에 아버지를 잃었다. 공식 기록은 사고사였지만 사람들은 모두 알고 있었다. 아버지는 오랫동안 심각한 우울증을 앓고 있었고 사실상 스스로 생을 마감했다는 것을. 소년이었던 쇼펜하우어에게 더 큰 충격은 그다음이었다. 아버지를 돌본 사람은 어머니가 아니라 하인이었다. 심지어 어머니 요한나는 남편이 죽은 지 1년도 되지 않아 새로운 삶을 찾아 아들을 두고 떠났다. 어머니는 훗날 이렇게 말한다.

"나는 사랑해서 결혼한 게 아니다.
그의 재산과 지위가 내 인생에 도움이 될 것 같아서였다."

이 말은 아들인 쇼펜하우어에게는 평생 지워지지 않는 상처가 된다. 그에게 사랑은 따뜻한 감정이 아니라 언제든 조건으로 바뀔 수 있는 것이었다. 쇼펜하우어는 아버지의 죽음에 어머니의 책임이 크다고 믿었고 그 생각을 편지로 표현했다. 그 편지를 읽은 어머니는 분노했고 두 사람은 완전히 등을 돌린다. 편지는 찢어지고 연락은 끊기고 관계는 되돌릴 수 없게 되었다. 성인이 된 쇼펜하우어는 철학자로서 인정받기 시작하고 어머니가 사는 바이마르를 찾아간다. 어쩌면 이제는 화해할 수 있지 않을까, 이제는 나를 인정해 주지 않을까 기대하면서. 하지만 그가 본 것은 매일 이어지는 파티와 사교 모임, 웃고 떠드는 어머니의 모습이었다. 아버지의 죽음을 슬퍼하기보다는 새 삶을 즐기고 있는 사람처럼 보였다. 분노한 그에게 어머니는 이렇게 말한다.

"너의 비관적인 성격이 나를 괴롭게 한다.
이런 아들을 둔 게 내 불행이다."

말다툼 끝에 어머니는 아들을 계단 아래로 밀어버린다. 그 순간 쇼펜하우어는 이렇게 말한다.

"당신은 이 일로 후세의 철학사에 남을 것입니다."

그날 이후 쇼펜하우어는 죽을 때까지 어머니를 다시 만나지 않았다. 사랑에서도 상황은 달라지지 않았다. 쇼펜하우어는 여러 번 사랑에 빠졌지만 번번이 실패했다. 비교당하고 버림받았다고 느꼈다. 심지어 그 감정은 어린 시절 어머니에게 느꼈던 감정과 닮아있었다. 이 반복 속에서 그는 하나의 확신에 이른다. 인간은 이성으로 사는 존재가 아니라 욕망과 충동, 설명되지 않는 힘에 의해 움직이는 존재라는 것. 그래서 쇼펜하우어는 인간관계를 미화하지 않는다. 사랑을 신성하게 포장하지 않으며 삶을 희망으로 설명하지 않았다. 대신 그는 고통을 정면으로 바라봤다. 고통은 피해야 할 예외가 아니라 삶의 기본 상태라고. 그리고 그 사실을 인정하는 순간 오히려 고통에 휘둘리지 않게 된다고 말한다.

쇼펜하우어의 철학이 차가운 이유는 그가 차가운 사람이어서가 아니다. 너무 많이 다쳐본 사람이었기 때문이다. 그는 절망을 원망으로 흘려보내지 않았다. 상처를 덮지도 않았다. 그 상처를 붙잡고 끝까지 생각했고 문장으로 만들고 철학으로 구조화했다. 그의 말은 아프지만 현실을 외면하지 않는다.

상처는 사람을 두 갈래로 나눈다. 상처 때문에 인생을 미워하는 사람과 상처를 통해 자기만의 생각을 만들어내는 사람. 쇼펜하우어는 후자였다. 완벽한 치유는 없다. 모든 상처가 사라질 필요도 없다. 중요한 것은 그 상처를 어떻게 극복해 내느냐다. 상처는 사람을 망가뜨리지 않는다. 상처를 다루는 방식이 사람을 완전히 다른 존재로 만들기 때문이다. 상처가 나의 삶을 잠식하게 해서는 안 된다. 지독한 상처를 겪고 있는가? 그렇다면 지금 이 글을 읽는 당신도 어쩌면 당신만의 철학을 만들기 직전일지도 모른다.

나에게 묻고, 내가 답하다

나는 지금까지 받은 상처를 어떻게 다뤄왔는가?

내 삶에서 반복되는 관계의 실패에는 어떤 공통점이 있는가?

미공개 에세이

2

사람은 누구나 확인받고 싶어 한다. 지금 내가 선택한 방향이 맞는지, 지금 하고 있는 일이 헛된 건 아닌지, 이 시간을 계속 버텨도 되는지 말이다. 그래서 주변을 살피지만 이상하게도 아무 반응이 없을 때가 있다. 열심히 했는데 조용하다. 진심으로 붙잡고 있는데 무시당한다. 나름의 기준을 가지고 살고 있는데 아무도 관심을 주지 않는다. 이때 대부분의 사람은 같은 질문을 한다.

"내가 잘못 가고 있는 건 아닐까?"

쇼펜하우어의 인생은 이 질문을 가장 오래, 가장 혹독하게 견뎌낸 사례다. 그는 젊은 시절부터 자신이 무언가를 잘못 생각하고 있다고 믿지 않았다. 오히려 그는 사람들이 세상을 너무 낙관적으로 보고 있고 인간을 과대평가하고 있으며 삶의 본질을 애써 외면하고 있다고 생각했다. 당시 사람들은 이성, 진보, 희망, 도덕을 말하는 철학을 좋아했다. 인간은 점점 더 나아질 것이며 노력하면 보상받고 세상은 결국 합리적으로 움직일 거라는 말을 듣고 싶어 했다. 하지만 쇼펜하우어는 정반대의 이야기를 했다. 인간은 이성보다 욕망에 더 자주 끌리고 삶의 기본 상태는 만족이 아니라 결핍이며 행복을 늘 잠깐 머물다 사라진다고. 그의 말은 틀리지 않았지만 사람들이 듣고 싶어 하는 말은 아니었다. 그는 사람들에게 인정받지 못했다. 강의실은 텅 비어 있었다. 책은 거의 읽히지 않았다. 동시대 철학자들 사이에서도 의도적으로 외면당했다.

대부분의 사람은 이런 상황에서 방향을 수정한다. 자신의 생각을 굽히고 사람들이 좋아할 행동을 하기 시작한다. 그래야 살아남을 수 있기 때문이다. 하지만 쇼펜하우어는 사람들이 외면한다고 해서 자기 생각을 포기하지 않았다. 인정받지 못한다고 해서 스스로를 의심하지도 않았다. 조용히 같은 자리에 머물렀다. 그리고 한참 뒤 시간이 흘렀을 때 사람들은 쇼펜하우어에게 관심을 가지기 시작했다.

더 이상 밝은 말에 위로받지 못하게 되었을 때
노력과 희망이라는 말이
현실을 설명해 주지 못하게 되었을 때
인간관계와 인생에 지친 사람들이
하나둘씩 늘어나기 시작했을 때

쇼펜하우어의 문장은 다시 읽히기 시작했다. 사람들이 깨달은 것이다. 그의 철학이 비관이 아니라 현실을 있는 그대로 바라보는 거라는 걸. 쇼펜하우어가 말년에 비로소 주목받기 시작한 이유는 단순하다. 끝까지 포기하지 않았기 때문이다. 이 이야기는 쇼펜하우어라는 한 철학자에 대한 이야기를 넘어서 지금 이 시대를 사는 우리에게 아주 불편하지만 중요한 질문을 던진다. 지금 인정받지 못했다는 사실이 정말 틀렸다는 증거일까?

우리는 너무 자주 타인의 반응을 기준으로 삼는다. 사람들의 평가, 주변의 관심으로 내 선택의 옳고 그름을 착각한다. 하지만 반응은 진실이 아니다. 아무도 박수치지 않는 길이라고 해서 그 길이 틀렸다고 단정할 수는 없다. 오히려 아직 사람들이 그 길을 걸어본 적이 없을 수도 있다. 쇼펜하우어는 평생 외면받았지만 자기 생각을 버리지 않았다. 그래서 그의 철학은 늦게 도착했지만 오래 살아남았다. 지금 반응이 없다는 이유만으로 스스로를 실패자로 규정하지 않아야 한다. 아무도 알아주지 않는 시간이 잘못된 시간은 아니다. 어쩌면 그 시간은 당신이 남들과 다른 방향으로 제대로 가고 있다는 증거일 수도 있다.

나에게 묻고, 내가 답하다

나는 인정받기 위해 내 생각이나 기준을 바꾼 적이 있는가?

끝내 큰 인정을 받지 못하더라도
계속 가보고 싶은 길이 나에게는 있는가?

실패한다는 두려움이 없다면
가장 하고 싶은 일은 무엇인가?

27

사람은 저마다 다른 방식으로 세상을 인식한다

어떤 이는 빠르게 이해하고

어떤 이는 느리게 이해하지만

그것이 곧 우열을 뜻하지는 않는다.

각자의 정신은 각자가 서 있는 자리에서

가장 자연스럽게 작동한다.

다른 사람의 기준으로

자신을 판단하는 순간

삶은 어긋나기 시작한다.

지성의 차이는 있을 수 있으나

지성의 우열은 존재하지 않는다.

그 누구도 나보다 고귀하지 않고

나도 그 누구보다 고귀하지 않다.

28

인간의 감각 중 기억을 가장 깊게 흔드는 것은

시각도, 청각도 아닌 후각이다.

냄새는 이미 지나간 시간을 설명 없이 되살려낸다.

오래전에 잊고 지냈던 순간이

한 번의 향기로 갑자기 현재가 된다.

특히 냄새가 불러오는 기억은 대부분 부드럽고 달콤하다.

그 향기 속에는 그때 느꼈던 감정까지

함께 들어 있기 때문이다.

29

자신을 채우지 못하는 사람일수록

끊임없이 바깥을 향한다.

혼자 있는 시간을 견디지 못하고

소음과 사람 속으로 스스로를 밀어 넣는다.

반대로 내면이 충만한 사람은

고독을 두려워하지 않는다.

그는 혼자 있는 시간 속에서도

편안함을 느끼며 이유 없이 웃을 수 있다.

혼자 있을 때 웃는 사람만이

진정으로 자유롭다.

30

말은 얼마든지 꾸밀 수 있다.

그러나 몸짓은 쉽게 숨겨지지 않는다.

사람의 태도, 움직임, 습관적인 행동에는

그 사람의 본성이 묻어난다.

진짜 성격을 알고 싶다면

그의 말을 듣기보다 행동을 보아야 한다.

중요한 것은 결점이 있느냐 없느냐가 아니다.

누구나 결점을 가지고 있다.

차이는 그것을 숨기려 하는가, 인정하고 다루는가에 있다.

스스로의 결점을 인정할 수 있는 사람은

타인의 결점 앞에서도 덜 공격적으로 된다.

결국 인간은 완벽한 사람보다

솔직한 사람에게 마음을 연다.

인간의 정신은 고요 속에서만 깊어질 수 있다.

소음은 생각을 방해하는 것이 아니라

생각을 죽인다.

깊이 생각하는 사람일수록

소음에 더 예민해진다.

천박한 정신은 소음을 느끼지 못하고

깊은 정신은 소음 속에서 질식한다.

오직 유용한 것만으로 채워진 삶은

삭막하고 메마르다.

목적도 없고 생산성도 없어 보이는 것들이

오히려 삶을 부드럽게 만든다.

음악, 산책, 그림

아무 쓸모 없어 보이는 사색의 시간들.

이런 것들이 없으면

삶은 효율적일 수는 있어도 견딜 수는 없다.

쓸모없어 보이는 것들이

삶을 계속 살게 만드는 진짜 이유다.

　행복을 늘 먼 곳에서 찾으려 하지만 실제로는 행복이 그리 복잡하지 않다. 행복은 우리가 하루 동안 얼마나 자주 웃는가에 따라 결정되기 때문이다.

　웃음은 그 자체로 행복이며 동시에 행복을 만들어내는 가장 빠르고 확실한 방법이다. 사람들은 흔히 웃기 위해서는 충분한 이유가 있어야 한다고 생각한다.

　성공했거나 원하는 것을 얻었거나 주변 환경이 충분히 좋아야 웃을 수 있다고 믿는다. 그러나 웃을 수 있는 사람에게는 이미 웃고 있다는 그 자체가 행복의 이유다.

　웃을 줄 모르는 사람은 아무리 많은 이유를 가져도 웃지 못할 것이다. 결국 추구해야 하는 삶의 목표는 단 하나다.

　가능한 많이 웃고 가능한 적게 우는 것이다.

35

추운 겨울, 두 마리의 고슴도치가 서로의 체온에 의지하기 위해 가까이 다가간다. 그러나 가까워질수록 서로의 가시는 상대를 찌르기 시작한다.

따뜻함을 얻기 위해 다가가면 고통이 생기고 고통을 피하려 멀어지면 다시 추위가 찾아온다.

고슴도치들은 수없이 다가갔다가 멀어지기를 반복한 끝에 비로소 서로를 찌르지 않으면서 체온을 나눌 수 있는 적당한 거리를 찾는다.

인간관계도 다르지 않다. 너무 멀면 차갑고 외롭고 너무 가까우면 반드시 상처가 생긴다.

예절과 거리감은 관계를 식히는 장치가 아니라 오래 유지하기 위한 최소한의 보호막이다.

서로를 아끼는 관계일수록 다가갈 줄만 아는 것이 아니라 거리를 둘 줄도 알아야 한다.

같은 환경에서도 어떤 이는 행복하고

어떤 이는 불행하다.

이 차이는 상황이 아니라 내면에서 만들어진다.

외부의 조건은 계기일 뿐

결정권자는 언제나 나 자신이다.

세상이 나를 행복하게 만드는 것이 아니라

내가 나를 행복하게 만든다.

불행한 사람의 대부분은 자기 자리가 아닌 곳에서

오래 머문 사람들이다.

타인의 기준으로 삶을 선택하면

편안함은 오래가지 않는다.

겉으로는 그럴듯해 보여도

내면은 계속 어긋난다.

행복이란 더 많은 것을 가지는 게 아니라

나에게 맞는 자리에 서는 것이다.

자신에게 맞지 않는 옷은 아무리 비싸도

결국 벗게 된다.

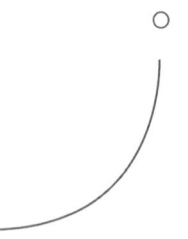

38

인간관계에서도 경계를 모르는 사람들이 있다.

그들은 상대의 공간과 시간을 허락 없이 침범한다.

한 번의 용인은 배려로 해석되지 않는다.

오히려 더 큰 무례를 허락하는 신호가 된다.

예의를 모르는 사람일수록

가장 뻔뻔하다.

39

시간은 소비하는 순간 사라진다.

시간을 어떻게 보낼지가 아니라

어떻게 사용할지를 고민해야 한다.

시간을 흘려보내는 사람은

결국

인생도 흘려보낸다.

우리는 타인이 나를 완전히 이해해 줄 거라 기대한다.

그러나 인간이 다른 인간에게 줄 수 있는 것은

생각보다 많지 않다.

고통을 대신 견뎌줄 수 없고 선택을 대신 해줄 수도 없다.

결국 삶은 혼자 감당해야 하는 영역이 훨씬 크다.

이 사실을 받아들이는 순간

타인에게서 덜 실망하게 된다.

혼자 있는 시간을 두려워하는 사람은

늘 누군가에게 매달린다.

내면이 비어 있을수록 외부 자극에 의존하게 된다.

고독을 견디는 힘은

인간의 가장 중요한 능력 중 하나다.

혼자 있어도 무너지지 않는 사람만이

관계 속에서도 균형을 유지할 수 있다.

돈에 대한 인간의 욕망은 끝이 없다.

돈은 마치 바닷물과 같아서

마시면 마실수록 갈증만 더욱 심해진다.

재산은 늘리면 늘릴수록 더욱 큰 욕구가 따라온다.

부의 본질은 절대적인 만족이 아니라 단지 '추상적인 만족'이다.

오직 돈만이 모든 욕구를 추상적으로 충족시킬 수 있는

가능성을 가지기에 사람들은 그것을 최고의 선으로 착각한다.

그러나 재산은 인생의 위험을 막아주는

방패로 사용할 때 의미가 있다.

돈을 목표로 삼는 순간 그것은 방패가 아니라 족쇄가 된다.

행복은 소유의 크기에서 오지 않는다.

욕구를 제한할 줄 아는 현명함에서 온다.

43

우리에겐 고작 이틀의 인생이 주어졌을 뿐이다.

그 짧은 시간을 불필요한 사람들의

인정과 호의를 얻기 위해 허비한다는 것은

가장 치명적인 낭비다.

자신을 존중하지 않는 사람과의 관계를

끊어내지 못하는 것은 삶 전체를 병들게 한다.

나를 존중하지 않는 사람과의 관계는

언제까지나 변하지 않는 독이다.

삶은 놀라울 정도로 짧다.

비열한 자들에게 허비할 시간이 없다.

44

타인의 평가에 지나치게 큰 가치를 부여하면

우리의 행복은 타인의 기분에 맡겨진다.

칭찬은 자주 가짜이며

진정한 이해에서 나오지 않는다.

타인의 생각에 나의 가치를 넘겨주는 순간

내 삶은 더 이상 내 것이 아니다.

남의 머릿속에서 사는 인생은

공허하고 허무하다.

다른 사람이 나를 어떻게 생각하는가는

나의 삶과 아무런 상관이 없다.

45

모든 인간은 각자에게 정해진 때를 가지고 있다.

자신의 시간이 오기 전까지

가치는 쉽게 드러나지 않는다.

진정으로 뛰어난 것은

처음부터 쉽게 이해받지 못한다.

자신의 시대가 아직 오지 않았다는 사실은

가치가 없다는 뜻이 아니다.

진정한 평가는 언제나 시간이 내린다.

남들보다 늦는다는 것은

남들보다 오래 간다는 뜻이다.

46

인간에게는 다섯 가지의 악덕이 있다.

욕망, 교만, 분노, 탐욕 그리고 증오다.

증오는 타인의 존재 자체에 대한 깊은 거부감이다.

증오는 분노보다 오래 지속되며

내면을 서서히 잠식한다.

증오는 타인을 향한 감정처럼 보이지만

결국 나 자신을 파괴한다.

증오는 해결되지 않은 고통이

내면에서 썩어가는 과정이다.

증오를 버려야 그 자리에 새로운 삶이 들어온다.

47

탐욕은 미래를 지키려다 현재를 잃는 것이다.

낭비는 현재를 즐기려다 미래를 파괴하는 것이다.

절제된 삶은 외적으로는 평범해 보일 수 있으나

끝내 무너지지 않는다.

무절제한 삶은 화려하지만 반드시 붕괴한다.

48

집착은 미래의 불안을 덜기 위한 것이 아니라

불안 그 자체를 축적하는 행위다.

돈을 수단으로 삼을 때는 자유를 주지만

목적이 되는 순간 삶을 옥죈다.

집착은 행복을 위한 대비가 아니라

불행을 위한 저축이다.

풍요 속의 빈곤이 바로 여기서 시작된다.

돈에 집착하는 삶은 삶 그 자체를 잃어버리는 과정이다.

결국 돈에 집착하는 사람은

스스로 만들어낸 정신적 감옥 속에서 생을 마감하게 된다.

진정 인간의 마음이 돈으로 채워질 것이라 생각하는가?

인간은 가면을 쓰고 살아간다.

가식과 위선을 꿰뚫어 본 순간

선량한 사람은 인간에게서 멀어진다.

개는 감정을 숨기지 않는다.

인간의 가면에 지친 이들에게

개의 눈빛은 가장 정직한 위로다.

상처받은 사람들은 인간보다 개를 더 좋아한다.

인간은 모두 악의 씨앗을 품고 태어난다.

인간의 본성에는 누구나 악이 있다는 사실을 알게 되면

살면서 마주하는 모든 악 앞에서

그다지 의미를 부여하지 않게 된다.

인간이란 원래 그런 것이니까.

다시 말하자면 삶에서 겪는 불합리한 일들에

내가 상처받지 않을 수 있다는 것이다.

나 역시 마음 어딘가에는 분명 악이 존재하고

나의 악이 누군가를 해친 적이 있을 것이다.

상처받지 마라.

상처 줬다고 너무 미안해하지 마라.

인간이란 원래 그런 존재일 뿐이다.

인간은 마음속에 독을 품고 살아간다.

분노는 사건의 크기와 무관하다.

화를 내고 싶었을 뿐 이유는 나중에 붙는다.

인간은 언제든 폭발할 준비가 된 존재다.

지금의 나는 우연의 결과가 아니다.

내가 무엇을 원했고

무엇을 선택했는지가 지금의 나를 만든 것이다.

외부 환경을 탓하는 순간

삶의 주도권은 사라진다.

내 삶은 내가 무엇을 원했는지를 보여주는 거울이다.

다른 삶을 원한다면

다른 결정을 할 시간이다.

미공개 에세이

3

우리는 관계를 잘 맺는 사람이 성숙한 사람이라고 배운다. 원만함은 미덕이고 갈등은 미숙함의 증거처럼 여겨진다. 그래서 관계가 틀어지면 가장 먼저 이렇게 묻는다.

"내가 뭘 잘못했지?"
"조금만 참았으면 괜찮아졌을까?"

하지만 모든 관계의 파탄이 능력 부족이나 성격 결함 때문은 아니다. 어떤 관계는 잘못돼서 끝나는 게 아니라 끝내는 게 더 정직한 선택이기 때문이다. 쇼펜하우어의 삶은 이 불편한 진실을 정면으로 보여준다. 그는 하인과도 지인과도 동료와도 대부분의 관계를 오래 유지하지 못했다. 그래서 사람들은 그를 인간관계에 실패한 철학자라고 불렀다. 하지만 그의 인생을 조금만 자세히 들여다보면 전혀 다른 그림이 보인다. 그는 관계를 못 한 사람이 아니라 관계를 삶의 중심에 두지 않기로 선택한 사람이었다. 그는 인간관계에서 완충 장치를 거의 사용하지 않았다. 사람들은 예의라는 이름으로 침묵을 사용한다. 사교라는 이름의 거짓말을 사용한다. 관계를 유지하기 위해 적당한 양보로 완충 장치를 만드는 것이다. 하지만 쇼펜하우어는 그런 것들이 오히려 진실을 흐리게 만드는 장치라고 생각했다. 불편한 말을 숨기지 않았고 상대의 기분을 살피며 표현을 고치지도 않았다. 그 결과 관계는 자주 어긋났다. 하지만 더 중요한 것은 깨진 관계를 쇼펜하우어가 억지로 붙잡지 않았다는 것이다.

여기서 중요한 질문이 생긴다.

모든 관계를 끝까지 유지하려는 태도는 정말 성숙한 선택일까?

사람들은 흔히 관계를 끊는 사람을 냉정하다고 표현한다. 하지만 실제로는 끊어야 할 관계를 끝내지 못해 자신을 소모하는 경우가 더 많다. 참고 맞추고 이해하려 애쓰다가 어느 순간 자기 기준이 사라진다. 관계를 유지하는데

드는 비용은 생각보다 크다. 시간, 감정, 자존감, 에너지. 그 비용이 너무 커질 때 관계는 더 이상 연결이 아니라 소모가 된다. 쇼펜하우어는 그 지점에서 아주 냉정한 선택을 했다. 관계를 통해 위안을 얻기보다 혼자 견디는 쪽을 택했다. 그 대가는 고독이었지만 그는 고독을 실패로 여기지 않았다. 고독은 벌이 아니라 자신의 선택이라는 것을 삶으로 증명했기 때문이다.

고독을 견디는 일은 쉽지 않다. 사람은 누군가에게 기대고 싶어 한다. 이해받고 싶고, 위로받고 싶고, 혼자가 아니라는 느낌을 원한다. 많은 사람들이 의미 없는 관계를 붙잡는 이유도 그 때문이다. 이미 자신을 존중하지 않는 관계임을 알고 있다. 그 관계가 더 이상 아무런 도움도 되지 못한다는 것을 알고 있지만 그래도 혼자보다는 낫지 않을까? 하는 이유로 계속 머문다. 하지만 그렇게 유지된 관계는 결국 더 깊은 상처로 되돌아온다. 기대는 커지고 실망은 반복된다. 관계는 점점 왜곡될 것이다. 쇼펜하우어는 이 악순환에 들어가지 않기 위해 아예 다른 선택을 했다. 그 결과로 외톨이가 되었지만 잃지 않은 것이 있다. 바로 자기 자신이다. 자기의 기준과 사유는 끝까지 지켜냈다. 이 선택이 누구에게나 정답일 수는 없다. 모두가 이렇게 살아야 한다고 말할 수도 없다. 다만, 이 이야기가 우리에게 던지는 질문은 분명하다.

"모든 관계를 유지해야 할 필요가 있는가?"

대부분의 사람은 관계를 잘하는 법만 배웠지 관계를 끝내는 법은 배운 적이 없다. 그래서 끝내야 할 때조차 스스로를 비난하며 버틴다. 고독을 실패로만 해석하는 사회에서 혼자 서는 선택은 언제나 오해를 받는다. 하지만 고독은 도망의 결과나 실패의 증거가 아니다. 나를 지키기 위한 확실한 거리두기다. 쇼펜하우어의 삶은 말해준다. 관계를 못 하는 사람이 아니라 관계를 선택하지 않은 사람도 있다는 것을. 모든 관계를 잃어도 자기 자신은 잃지 않겠다고 결정한 사람이 분명 존재했다는 것을.

　지금 당신이 어떤 관계 앞에서 버티고 있다면 그 관계가 정말 소중해서인지 아니면 혼자가 두려워서인지 한 번쯤은 물어봐야 한다. 관계를 끊는 건 잔인한 선택이 아니다. 때로는 자신을 더 이상 소모하지 않겠다는 가장 정직한 선언이다.

나에게 묻고, 내가 답하다

지금 내 주변에 있는 사람들 중
함께 있어도 마음 편안해지는 사람은 몇 명인가?

내가 두려워하는 것은 혼자 있는 시간인가,
타인의 시선인가?

미공개 에세이

4

　사람들은 혼자 있는 시간을 쉽게 견디지 못한다. 아무 일정도 없고 아무 대화도 없는 시간이 주어지면 대부분 괜히 휴대폰을 들여다본다. 혹은 음악을 틀고 사람을 찾는다. 혼자 있다는 그 자체보다 아무 자극도 없는 상태가 불편하기 때문이다. 우리는 이 불편함을 지루하다는 말로 포장한다. 하지만 지루함은 단순한 심심함이 아니다. 지루함은 자기 자신과 마주했을 때 생기는 어색함에 가깝다. 쇼펜하우어는 이 지점을 인간 이해의 핵심으로 봤다. 그는 인간의 상태를 얼마나 바쁘게 사는지로 판단하지 않았다. 얼마나 많은 사람과 어울리는지도 기준이 아니었다. 그가 본 인간의 수준은 단순했다.

　혼자 있는 시간을 어떻게 견디는가?

　쇼펜하우어에게 인간의 최상 상태란 외부 자극이 사라

지고 자기 생각이 또렷하게 들리는 상태다. 누군가에게 보여 주기 위한 것이 아니라 오롯이 자기 자신으로 혼자 생각할 수 있는 시간을 가장 고급스러운 시간이라고 보았다. 사람은 혼자일 때 가장 솔직해지기 때문이다. 관계 속에서 사람은 늘 역할을 쓴다. 말을 고르고 표정을 조절하고 상대의 반응을 계산한다. 그 과정에서 진짜 나의 생각이라고 불릴 수 있는 것들은 뒤로 밀린다. 혼자가 되면 그 모든 장치가 사라진다. 남의 시선도 필요 없고 맞춰야 할 기준도 없다. 대신 그 자리에 존재하는 건 가공되지 않은 자기 자신이다.

그 순간, 그동안 미뤄두었던 질문들이 조용히 모습을 드러낸다. 굳이 마주하지 않아도 됐던 감정이 더는 숨을 곳을 찾지 못하기 때문에 많은 사람들이 이 시간을 피한다. 피하는 방법은 다양하다. 사람을 만난다. 소음으로 하루를 보낸다. 계속 움직인다. 그런 삶은 겉으로 보면 활기찬 삶처럼 보이지만 그 안에는 공통점이 있다. 자기 자신과 대화하는 시간이 거의 존재하지 않는다는 것이다. 쇼펜하우어는 이 상태를 자유로 보지 않았다. 오히려 의존으로 봤다. 외부 자극이 없으면 불안해지고 혼자 있으면 견디지 못하는 상태는 스스로를 지탱하지 못하는 상태이기 때문이다.

　진정한 자유란 사람이 없는 상태가 아니다. 혼자 있어도 오롯이 괜찮은 상태. 설명하지 않아도 되고 그 누구의 인정도 필요 없는 상태. 자기 생각이 타인의 시선 없이도 설 수 있는 상태. 그 상태가 진정한 자유지만 이 능력이 없는 사람은 관계 속에서 늘 불안하다. 상대방의 반응에도 쉽게 흔들리고 관계를 잃을까 봐 온전한 자기 모습을 상대에게 보여주지 못한다.

반대로 혼자 있는 시간을 견딜 수 있는 사람은 관계에서도 다르다. 혼자 서 있을 수 있기 때문에 필요 이상으로 매달리지 않고 관계를 삶의 전부로 만들지 않는다. 지루함을 견디지 못하는 삶은 결국 자극에 끌려간다. 자극은 잠깐의 안도감을 주지만 생각을 깊게 만들지는 않는다.

쇼펜하우어는 말한다. 인간의 최상 상태는 늘 즐거운 상태가 아니라 늘 깨어 있는 상태라고. 아무 자극이 없어도 자기 생각과 함께 머물 수 있는 상태. 자기 자신과 조용히 대화할 수 있는 시간이 최상의 상태다. 이 시간이 쌓이면 삶의 중심이 남의 말에서 나의 판단으로, 타인의 기준에서 자기 기준으로 조금씩 이동한다. 관계에 끌려다니는 것이 아니라 관계를 선택하는 것이다.

쇼펜하우어가 말하는 고독의 진정한 의미는 자기 자신을 잃지 않기 위한 가장 기본적인 상태다. 지루함을 견딜 수 있는 사람만이 자기 자신에게 도착한다. 그리고 자기 자신과 대화할 수 있는 사람만이 진짜 자유를 손에 얻는다.

나에게 묻고, 내가 답하다

나에게 묻고, 내가 답하다

아무 자극 없이 혼자 있는 시간이 주어졌을 때
나는 가장 먼저 무엇을 찾는가?

혼자 있을 때의 나와 사람들 속에 있을 때의 나는
얼마나 다른가?

53

세상은 스스로의 방식으로 모든 사람에게

보상과 처벌을 내린다.

악한 사람은 신뢰를 잃고

결국 혼자 남겨진다.

거짓말을 일삼는 사람은 언제나 똑같이 속임을 당한다.

반대로 성실하게 살아온 사람은

시간이 흐를수록 더 많은 신뢰와 기회를 얻게 된다.

그러니 내가 직접 벌하려 애쓰지 말고

잘했다고 인정받으려 애쓰지도 마라.

사람은 자신이 살아온 그대로의 대우를

결국 받게 되어 있다.

사람을 바꾸려는 시도는 대부분

실망으로 끝난다.

인간의 성격은 결심이나 각오로 바뀌지 않는다.

상황이 바뀌어 행동이 잠시 달라질 수는 있어도

성격의 본질은 다시 제자리로 돌아온다.

사람을 변화시키려는 노력은

본질적으로 헛된 일이다.

우리가 통제할 수 있는 것은

타인이 아니라 오직 나 자신의 태도뿐이다.

사람은 변하지 않는다.

변할 거라는 기대가 더 큰 실망을 만든다.

55

사람의 진짜 모습은 평온한 순간에 드러나지 않는다.

위기가 찾아왔을 때

가면은 벗겨지고 본성은 그대로 드러난다.

좋은 날에는 누구나 친절할 수 있다.

하지만 어려운 순간에 어떤 태도를 보이는지가

그 사람의 진짜 성격이다.

위기는 나를 시험하기 위한 사건이 아니라

내 주변 사람의 본모습을 드러내는 순간이다.

평온은 거짓말을 하지만

위기는 언제나 진실만을 말한다.

내 삶이 위기에 처해있을수록

주변 사람들을 걸러내기 좋다.

56

인간관계는 큰 사건보다 작은 반복으로 무너진다.

사소한 약속을 어기고 작은 거짓말을 하고

반복되는 무성의가 신뢰를 갉아먹는다.

사람의 진짜 모습은 매일의 사소한 행동에서

분명히 드러난다.

신뢰는 쌓기 어렵고 무너지기는 너무 쉽다.

한 번 깨진 신뢰는 어떤 말로도 이전으로 돌아가기 어렵다.

모든 신뢰는 사소함 속에서 태어나고

사소함 속에서 죽는다.

57

배신 이후에 찾아오는 가장 위험한 감정은

분노가 아니라 용서다.

인간은 같은 상황에서 같은 선택을 반복한다.

성격은 어디 가지 않는다.

한 번 배신한 사람에게

다시 신뢰를 준다는 것은

다음 배신의 문을 스스로 여는 일이다.

용서한 배신은 반드시 더 아프게 되돌아온다.

신뢰를 두 번 주는 건 한 번도 주지 않은 것보다

더 위험하다.

가까운 사람의 행복은 쉽게 축하하기 어렵다.

그 행복은 나의 결핍을 너무 정확하게 드러내기 때문이다.

타인의 불행은 나의 불행을 덜어주지만

타인의 행복은 나의 부족함을 선명하게 만든다.

그래서 인간은 무의식적으로 남의 불행에

더 쉽게 위안을 얻는다.

진심으로 타인의 행복을 축하할 수 있는 사람은

이미 자기 삶이 충분히 채워진 사람이다.

자신을 알아가는 과정은 결코 아름답지 않다.

오히려 스스로에 대한 환상이

하나씩 깨지는 일이다.

내가 생각했던 나와

실제의 나는 다를 때가 많다.

그 차이를 받아들이는 순간 깊은 실망이 찾아온다.

하지만 그 실망을 통과하지 않으면

진짜 자신과는 절대 만날 수 없다.

인생은 결국 자신을 알아가는 과정이다.

60

자신을 먼저 생각하는 것과

자신만을 생각하는 것은 전혀 다르다.

자신만을 생각하는 사람은 타인을 수단으로 여긴다.

타인의 고통은 그의 삶에 아무 의미도 없다.

그런 사람은 결국 신뢰와 사랑을 모두 잃게 된다.

타인의 고통을 전혀 느끼지 못하는 사람은

인간성을 잃은 사람이다.

인간은 타인의 고통을 느끼고 공감할 때

진정으로 인간다워질 수 있다.

머리가 좋을수록 삶의 고통과 모순을

더 선명하게 본다.

그래서 지성이 뛰어난 사람일수록

오히려 더 불행해질 수 있다.

세상을 깊이 이해한다는 것은

때로 잔인한 일이다.

무지와 단순함이 때로는 가장 큰 행운이 된다.

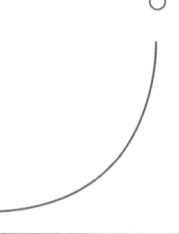

62

동물의 분노는 순간이지만

인간의 분노는 기억과 결합한다.

인간은 상처를 기억하고 복수를 계획한다.

이성은 복수를 더 치명적으로 만든다.

하지만 복수에 사용된 이성은

결국 자신을 파괴한다.

진정한 인간다움은 복수하는 능력이 아니라

분노를 다스리는 능력이다.

한 번 복수를 결심하면 인간은 동물보다 집요해진다.

63

생각이 많아질수록 결정은 늦어진다.

이성은 항상 완벽한 답을 주지 않는다.

본능은 행동이 끝난 뒤에야 목적이 드러난다.

좋은 결정은 때로 머리가 아니라 가슴에서 나온다.

생각을 멈출 때 비로소 답이 보인다.

생각이 너무 많으면 오히려 망설이게 된다.

64

욕망은 충족되는 순간 더 큰 욕망을 낳는다.

가진 것보다 가지지 못한 것에 시선을 두는 한

행복은 멀어진다.

마음이 가난한 사람은 욕망이 없거나

적게 가진 사람을 뜻한다.

마음이 가난한 사람은 적게 가져도 충분히 만족한다.

진정한 풍요는 소유의 양이 아니라

욕망의 크기에서 결정된다.

마음을 비울수록 삶은 오히려 더 풍요로워진다.

65

대부분의 사람들이 의존하면서 살아가는 대상이 있다.

바로 타인의 시선과 세상의 평가다.

인간은 타인의 비난과 세상의 평가를 내면의 목소리보다

훨씬 더 크게 여긴다.

명예를 추구하는 것은 본질적으로 외부 세계에

자기 삶의 중심을 맡기는 행위다.

타인의 손에 자신의 운명을 맡기는 것과 똑같다.

시간이 흐를수록 점점 자신이 무엇을 원하는지 잊어버리게 되고

결국 자기 자신마저도 상실하게 된다.

타인이 나를 어떻게 생각하는가?

이 문제는 나 자신과는 아무런 상관이 없는 문제다.

비난받을 각오를 하라.

세상의 시선을 버릴 용기가 있을 때 비로소 당신은

당신의 삶을 살게 될 것이다.

66

인간은 늘 감정과 욕망에 끌려다니는 존재다.

당장의 충동은 진실인 양 우리를 유혹하지만

이 유혹에 넘어가면 결국 고통스러운 후회를 맞게 된다.

진정한 삶은 내면의 원칙에 따라 살아가는 삶이다.

후회 없는 삶의 유일한 길은

냉정한 자제력으로 충동을 억누르며

삶을 지배하는 것이다.

이는 감정을 억압하라는 뜻이 아니다.

다만 욕망과 감정이 우리를 지배하지 않도록

확고한 원칙과 내적 자제력으로 자신을 다스리라는 것이다.

자제력을 잃는 순간 삶은 후회로 얼룩진다.

실수를 저지르는 이유는 삶이 본래 불확실하고

예측 불가능한 수많은 상황으로 가득 차 있기 때문이다.

실수를 경험하지 않은 사람은

결코 깊은 깨달음을 얻지 못한다.

착하게만 살며 실수를 회피하는 것은

자신이 가진 가능성의 대부분을 놓치는 것이다.

완벽하고 안전한 길을 선택하면 그 길 끝에는

아무런 깨달음도 없다. 성장도 없다.

실수가 없다면 당신의 인생은 아무런 흔적도 남지 않는다.

실수와 실패는 나를 더 나은 존재로 만들어 주는 소중한 기회다.

68

사람과의 관계에서 가장 중요한 것은

결국 변치 않을 믿음이다.

믿을 만한 사람인지 아닌지 알아보는 방법은

그의 선택을 관찰하는 것이다.

신뢰란 눈에 보이는 말이나 약속이 아니라

그 사람이 보여주는 선택의 일관성에서 나온다.

결국 사람은 변치 않는 선택으로 자신을 증명한다.

모두에게 친절을 베풀고 모든 이와 어울리는 사람은

언뜻 보기에 가장 이상적인 친구처럼 보일지 모른다.

우정은 본질적으로 제한과 편애를 포함한다.

우정이란 상대방에게 특별함을 부여하는 행위다.

모든 사람을 공평하게 대한다는 것은

결국 아무도 진정으로 대하지 않는다는 뜻과 같다.

진정한 친구를 만들기 위해서는

내가 누구에게 특별한 존재가 되고 싶은지를 명확히 결정해야 한다.

오직 몇몇 선택된 사람만이 진정한 친구가 될 수 있다.

그것이 바로 우정의 아름다움이다.

70

세상에 흔히 알려진 충고나 지혜가

나에게 효과적이지 않은 이유는

모든 사람을 하나의 틀 안에 묶어 동일시하는

잘못된 전제 때문이다.

인간만큼 다양한 존재가 없다.

다르다는 고유성 때문에 어떤 충고나 처방이

모든 사람에게 똑같이 적용될 수 없는 것이다.

다른 사람이 성공한 방식이 아니라

오직 자신에게 효과적인 방식을 찾아내는데 힘을 쏟아야 한다.

세상의 충고는 당신에게는 실패할 것이다.

왜냐하면 세상은 결코

당신을 당신이 아는 것만큼 알지 못하기 때문이다.

우울함은 그 자체로

사람을 끌어당기는 성질을 지닌다.

우울은 조용하고 과장되지 않으며

타인을 공격하지 않는다.

그러나 불쾌함은 다르다.

불쾌함은 말과 표정에 날을 세우고

주변의 모든 것을 불편하게 만든다.

같은 고통을 품고 있어도 그것이 우울의 형태로 나타나면

사람들은 공감하지만 불쾌함의 형태로 드러나면

사람들은 멀어진다.

인간관계에서 중요한 것은 고통이 아니라

그 고통을 어떻게 드러내느냐에 있다.

72

우연의 바람 앞에서 인간은 그저 겨 같은 존재다.

외부 세계의 사건들이란 그 본질상 우연과 착오로

점철되어 있기 때문이다.

중요한 것은 외부 세계에서 일어난 사건들이 아니라

바로 그 사건 앞에서 내가 어떻게 의지를 정하느냐다.

유일한 통제는 내 내면의 의지뿐이다.

절대, 사건 그 자체에 마음을 빼앗기지 말라.

당신에게 통제권이 주어진 유일한 영역은

당신 내면의 의지다.

73

대부분의 사람은 본래 착하지 않다.

선함이라는 외피 안쪽에는 악한 욕망이 억눌려 있다.

나쁜 행동을 하지 않는 이유는

도덕적 양심 때문이 아니라

그렇게 할 수 있는 힘이 없어서다.

충분한 힘과 기회가 주어진다면 인간의 숨겨진 본성은

쉽게 드러나고 말 것이다.

악을 억누르고 있다고 해서 선한 것이 아니다.

그 악이 있다는 것을 인정하고

끊임없이 싸우는 사람이 진정으로 선한 것이다.

74

인간관계가 지속되는 이유는 여러 가지가 있지만

그중 가장 중요한 요소는

서로의 자존심을 보호할 때다.

자존심이란 타인이 함부로 침범해서는 안 되는

자기 존재의 영역이다.

오랜 시간 쌓아 올린 관계도 한 순간의 자존심 훼손으로

쉽게 무너질 수 있다.

오래가는 인간관계를 원한다면 무엇보다 상대방의

자존심을 존중해야 한다.

상대의 자존심을 지키는 것이

곧 관계를 지키는 일이자 자기 자신을 지키는 일이다.

누군가를 해친다는 것은

단지 상대방의 삶을 파괴하는 것에 그치지 않는다.

그것은 자신의 내면 깊은 곳에도 파괴의 씨앗을 심는 일이다.

악행은 내면을 조금씩 썩게 만들어 결국 그를 무너뜨린다.

인과응보란 외부에서 가해지는 처벌이 아니라

스스로 만들어내는 자기 자신에 대한 심판이다.

타인을 찌르는 칼은 결국 자신에게 되돌아온다.

76

행복의 가장 큰 적은 바로 지루함과 고독이다.

지루함은 단지 할 일이 없거나

시간이 무료하게 흐르는 상태를 넘어

인생의 의미 자체가 희미해지고 사라지는 상태다.

고독은 타인과의 연결이 단절된 상태를 의미한다.

많은 사람들은 이런 단절을 견디지 못하고

타인과의 피상적인 관계 속으로 도망친다.

타인과의 관계가 아니라

자신과의 관계가 가장 본질적인 행복의 토대다.

행복한 사람은 고독과 지루함을 회피하지 않는다.

현대 사회는 말과 행동의 괴리가 일상화된 세상이다.

고대보다 겉으로는 더 도덕적이고 세련되어 보인다.

그러나 그것은 철저한 가면이다. 허상이다.

사람들은 더 자기 자신을 있는 그대로 드러내지 않고

오직 세상의 눈치를 보며 자신을 왜곡한다.

세상에 속고 자신에게 거짓말하는 삶을 살기엔

우리의 인생이 너무 짧고 소중하다.

가면 속에서 보낸 하루는 결국 잃어버린 하루에 지나지 않는다.

삶은 이미 충분히 고통스러운데

왜 자신마저도 속이며 살아가려 하는가?

당신이 지금 가장 원하는 것은 무엇인가?

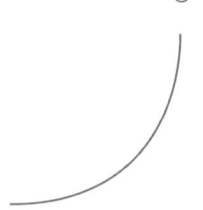

미공개 에세이

5

누군가를 설명할 때 쉽게 이런 말을 쓴다.

"저 사람 착해."

이 말에는 안도감이 섞여 있다. 믿어도 되겠다는 판단이 들어 있고 경계하지 않아도 된다는 신호가 담겨 있다. 혹은 상처받지 않을 거라는 기대까지 함께 들어있다. 하지만 쇼펜하우어는 사람에게 착하다는 표현이 맞지 않는다고 생각했다. 인간을 비관적으로 봐서가 아니다. 오히려 인간을 너무 정확하게 보았기 때문이다. 쇼펜하우어가 보기에 착한 사람이라는 말은 사람을 이해하기에는 지나치게 단순한 말이었다. 그는 인간의 행동을 선의나 인격에서 출발하지 않는다고 생각했다. 대신 욕망, 충동, 자기보존 같은 훨씬 원초적인 동기에서 설명했다.

이 관점에서 보면 착함은 본성이 아니다. 어떤 상태에

가깝다. 욕망이 잠잠하고 경쟁할 의지가 없고 손해를 감수할 필요가 없을 때 사람은 얼마든지 착해 보일 수 있다. 하지만 실제로 봐야 하는 것은 사람이 착해 보이는 순간보다 착해질 이유가 사라졌을 때의 선택이다. 이익이 걸렸을 때, 힘의 균형이 바뀌었을 때, 아무도 보지 않을 때 그 사람이 어떤 결정을 내리는지가 진짜 그 사람의 본모습이다. 특히 경계해야 하는 것은 스스로를 착한 사람이라고 믿는 태도다. 이 믿음은 위험하다. 자기 안에 있는 이기심과 잔혹함을 보지 못하게 만들기 때문이다. 나는 착한 사람이라는 생각은 자기 검열을 멈추게 한다. 그리고 그 생각을 인정받기 위해서 지나치게 자신을 희생하고 낮춘다.

착하다고 느꼈던 사람이 관계에서 얼마나 쉽게 배신을 하는지 수없이 마주한다. 분명 그 누구보다 착하다고 생각했는데 그 누구보다 비열한 사람이 한두 명이 아니다. 사람들은 누군가가 착하다는 이유로 경계를 푼다. 기대를 키우고 거리 조절을 멈춘다. 하지만 인간관계에서 가장 위험한 건 과도한 신뢰다. 착하다는 이미지에 기대어 사람을 판단하는 순간, 우리는 그 사람의 본모습을 보려 하지 않게 된다. 어떤 한 사람의 진짜 모습을 보고 싶다면 선택의 반복을 봐야 한다. 불리할 때도 같은 결정을 하는지, 이득이 줄어들어도 태도가 유지되는지, 상황이 바뀌어도 방향이 흔들리지 않는지. 환경이나 상황은 얼마든지 바뀔 수 있지만 선택의 패턴은 잘 바뀌지 않기 때문이다.

"그 사람은 착한 사람인가?"라는 질문 대신
"이 사람은 어떤 선택을 반복하는가?"를 물어야 한다.

이 관점은 불편할 것이다. 왜냐하면 관계에서 기대하는 안전장치를 전부 무너뜨리기 때문이다. 하지만 동시에 가장 현실적인 기준이기도 하다. 인간관계는 애초에 따뜻한 것이 아니다. 덜 다치는 게 중요한 영역이다. 착함을 기준으로 사람을 가까이 두지 말고 일관성을 기준으로 사람을 곁에 둬야 한다. 누군가는 이런 철학을 너무 차갑다고 말할지도 모른다. 하지만 오히려 그 차가움 덕분에 나를 지킬 수 있게 된다. 쇼펜하우어가 냉정했던 이유는 단순하다. 그는 인간을 이상적으로 보지 않았고 인간의 본성을 현실에서 너무 많이 봤기 때문이다.

사람들은 착하다는 이유 하나로 너무 많은 것을 내려놓는다. 질문을 하지 않고 확인을 미루고 스스로를 지킬 장치도 접어버린다. 하지만 착함은 안전을 보장하지 않는다. 오히려 아무것도 경계하지 않게 만들 때 가장 위험해진다. 인간관계에서 필요한 건 선의에 대한 믿음이 아니라 상황이 달라졌을 때도 무너지지 않는 본성이다. 말을 믿기보다 맥락을 보고 호의를 신뢰하기보다 반응을 기억해야 한다. 성숙한 관계란 상대를 미화하지 않는 태도에서 시작된다.

기대를 줄이고 거리를 두고 스스로를 보호하는 기준을 유지하는 것. 그것이 냉정함의 현실이고 인간관계에서 덜 다치기 위한 가장 현실적인 선택이다. 관계에서 가장 위험한 순간은 안심하는 순간이다.

나에게 묻고, 내가 답하다

최근에 내가 "저 사람 착하다"라고 판단했던 사람은 누구였는가?

그 판단의 근거가 된 구체적인 행동은 무엇이었는가?

지금 떠올리는 그 사람이

비슷한 상황에서 반복해서 보였던 행동 3가지는 무엇인가?

미공개 에세이

6

　　사람들은 인생의 결말을 상상할 때 비슷한 장면을 떠올린다. 오해가 풀리고 갈등이 정리되며 결국 웃으며 손을 맞잡는 모습이다. 그래야 이야기가 완성된 것처럼 느껴진다. 화해하지 못한 채 끝나는 삶은 어딘가 실패처럼 보인다. 하지만 쇼펜하우어의 인생은 이 기대를 정면으로 거부했다. 그는 세상과 사이를 좁히지 않았고 끝내 화해하지 않았다. 그렇다고 분노 속에서 살다 간 인물도 아니었다. 그가 택한 건 거리두기였다. 쇼펜하우어는 말년에 명성을 얻었다. 책은 불티나게 팔렸고 이름은 회자되었다. 그럼에도 그는 세상을 다시 끌어안지 않았다. 사람들 속으로 들어가지 않았고 생각을 바꾸지도 않았다.

　　돈을 벌고 명성을 얻으면 사람이 바뀔 수도 있지만 인간은 욕망에 끌리고 상황이 바뀌면 태도가 달라진다는 스스로의 관점을 끝까지 유지했다. 단 한 번의 흔들림도 없었다. 대부분은 인정받거나 명성을 얻으면 태도가 바뀐다. 오래 싸웠던 대상과 손을 잡거나 과거의 말을 정정한다. 그래야 자기 자신에게 이득이 있기 때문이다. 하지만 쇼펜하우어는 그 연출을 거부했다.

사람들은 흔히 말한다. 세상과 잘 지내야 한다고. 하지만 잘 지낸다는 말 속에는 타협이 섞여 있다. 자신의 생각을 바꾸고 대중의 선택을 따라가며 불편한 판단을 하지 않는다는 것이 포함되어 있다. 그 모든 조정 끝에 남는 것이 과연 자기 자신일까? 쇼펜하우어는 세상과 거리를 둔 채 살아도 삶은 완성될 수 있다는 사실을 몸으로 증명했다. 주변에 사람이 많지 않아도 하루는 잘 흘러갔고 박수가 없어도 사유는 이어졌다. 누군가에게 의지하고 기대지 않아도 일상에 아무런 문제가 있지 않았다. 화해하지 않는다는 선택에는 대가가 따른다. 누군가에게 오해를 받을 것이고 때로는 비난을 받을 것이다. 하지만 그 대가를 감수하면 얻는 것도 있다. 자기의 생각을 수정하지 않아도 된다는 자유다. 사람들이 기대하는 말로 자신을 재단하지 않아도 된다는 자유다. 고독 속에서 온전히 자기 자신으로 시간을 보내고 온전히 혼자 독립된 주체로 살아갈 수 있다는 것이다. 많은 이들이 화해를 미덕으로 여긴다. 하지만 화해하기 위해서는 자신의 생각을 접어야 한다. 그래야 관계가 유지되기 때문이다.

하지만 쇼펜하우어는 세상과 멀어지는 선택을 받아들이고 자기 자신을 지키는 선택을 유지했다. 이 행위가 지금 시대에 선사하는 메시지는 명확하다. 모든 갈등이 해결될 필요는 없다는 것. 모든 오해가 풀릴 필요도 없다는 것이다. 어떤 관계는 시간이 지나면서 자연스럽게 종료되는 것만으로도 충분하다. 하지만 그 사실을 받아들이는 것은 용기가 필요하다. 화해하지 않은 채 자신의 신념을 유지하다가 죽는 것은 패배가 아니다. 세상의 요구보다 자신의 의지를 더 앞세워 살았다는 증거다. 이 선택이 누구에게나 맞는 방법은 아닐지 모르겠으나 그런 삶도 의미 있다는 것을 쇼펜하우어의 인생은 말하고 있다. 자신이 진정으로 지키고 싶은 신념이 있다면 타협 없이 살아도 괜찮다.

어떤 세상이든 어떤 사람이든 무조건 화해하고 잘 지낼 필요는 없다.

그보다 더 중요한 것은 내가 나로 살아갈 수 있느냐다.

내가 나로 살아갈 수만 있다면 오해받고 때로는 비난받아도 묵묵히 나아가야 한다.

그것이 쇼펜하우어의 죽음이 남긴 삶의 지혜다.

나에게 묻고, 내가 답하다

나의 선택 중 오해나 비난을 받았지만
지금까지도 후회하지 않는 선택은 무엇인가?

지금 돌이켜 보면
억지로 이어가지 않아도 됐을 관계는 무엇이었는가?
그 관계를 붙잡았던 이유는 무엇이었는가?

끝까지 지켜보고 싶은 내 생각이나 태도가 있다면
그것은 무엇이고
어떤 상황에서 가장 흔들렸는가?

한 권의 책을 다 읽고 쓴다는 건

실로 어마어마한 일입니다.

위대한 여정을 마치신 당신을

진심으로 존경합니다.

77선의 여정을 함께 해준 당신에게

쇼펜하우어 서재에서 훔친 인생지혜 77선 필사책

© 히읏 2026년
초판 1쇄 발행 • 2026년 2월 12일

지은이 • 김철
마케팅 • 강진석 서예린 홍승현 최우혁
펴낸곳 • 도서출판 히읏
출판등록 • 2020년 4월 28일 제 2020-000109호
전자우편 • heeeutbooks@naver.com

ISBN • 979-11-92559-13-1(03100)